*Para Lis e Iris, que adoram
uma bela história de assombração.*

ILAN BRENMAN

Mula sem cabeça, a origem

Ilustrações de Guridi

2ª edição

MODERNA

Há muitos anos, no interior do Brasil, uma pequena cidade recebeu com festa seu novo padre, um jovem de cabelos negros e fartos. Todos ansiavam pela chegada do novo sacerdote, já que o antigo havia morrido fazia mais de um ano, e a igrejinha estava abandonada.

No início, o trabalho do padre não foi fácil. A cidade inteira queria se confessar; imaginem só, um ano inteiro de pecados guardados!

Depois de um curto período de adaptação ao novo clérigo, a cidade voltou ao ritmo de sempre, lento e preguiçoso. Porém, a normalidade foi repentinamente quebrada quando algo extraordinário aconteceu.

Isoldinha, a filha do farmacêutico, tinha acabado de completar dezoito anos, e não é que a menina encasquetou com o padre? Ela vivia pelos cantos, suspirando pela beleza do jovem religioso, e se confessava três vezes por dia só para ouvir a voz dele. Dizia para si mesma: "Ainda tasco um beijo nele".

Todo mundo sabe que padres não podem namorar. Isoldinha também sabia, mas a vontade de beijá-lo era mais forte que tudo. Certa manhã, depois de sair do confessionário, a moça pediu para ter uma palavrinha com ele:

– O que foi, Isoldinha, quer me contar algo mais? – perguntou o padre.

– Quero, padre, mas precisa ser ao pé do ouvido.

O padre não gostou nada daquela história de "ao pé do ouvido", mas acabou concordando e fez um gesto para que ela se aproximasse e falasse o que queria.

Isoldinha não teve dúvida! Aproveitou que o padre virou o rosto e tascou-lhe um beijo na bochecha! Ele nem teve tempo de reagir; a garota saiu correndo como um raio.

Isoldinha chegou em casa esbaforida, mas feliz da vida com o beijo tão almejado. Ela se trancou no quarto e ficou revivendo mentalmente o acontecido milhares de vezes.

— Isoldinha, venha almoçar!

Ela acordou com a voz do pai; havia caído no sono. Será que tudo aquilo tinha sido só um sonho? Não, era tudo verdade. Muito satisfeita, ela foi almoçar. Não contou seu segredo para ninguém e resolveu ajudar a mãe com a costura.

No final do dia, Isoldinha voltou para o quarto e começou a pensar em novos jeitos de conseguir outro beijo, mas ela sabia que agora seria mais difícil... Até que o sono foi chegando... e a jovem dormiu.

Quando o sino da igreja tocou à meia-noite, anunciando que a sexta-feira estava começando, Isoldinha despertou abruptamente. Seu coração estava disparado, e ela suava muito.

A moça resolveu se levantar. Abriu a porta do quarto em silêncio e foi para o quintal tomar um pouco de ar fresco. Nesse momento, o sino tocou outra vez... Foi quando Isoldinha sentiu uma fraqueza e caiu no chão. Então, ela viu seu corpo se transformar rapidamente no corpo grande e forte de... uma mula sem cabeça!

Antes de conseguir dar um grito de horror, a mutação já estava completa: ela tinha virado um animal!

Uma raiva muito grande tomou conta da garota, e ela pulou o cercado do quintal e começou a galopar pela cidade. O barulho de suas patas batendo no chão lembrava trovões, e a terra tremia a cada passo!

O povo começou a acordar, janelas e portas foram abertas, todos queriam ver o que estava acontecendo. Quando os habitantes da cidadezinha viram que estavam diante da mula sem cabeça, foi uma confusão: a gritaria era terrível, mulheres desmaiavam, crianças choravam, homens medrosos faziam xixi nas calças e os corajosos pegavam suas armas.

Ao perceber a agitação das pessoas, a mula começou a relinchar e decidiu fugir dali. Galopou por horas, até chegar a um imenso lago. Ao baixar a cabeça para beber um pouco de água, ficou horrorizada! Ela viu que o seu reflexo na água não mostrava sua cabeça, mas, ao mesmo tempo, ela podia senti-la bem presa ao seu pescoço, como se fosse uma cabeça invisível.

E o mais estranho era que, além de sentir que tinha cabeça, também sentia um freio de ferro preso à sua boca. Aquilo tudo era um grande e horrível mistério!

A mula sem cabeça decidiu voltar para casa; talvez seu pai farmacêutico tivesse algum remédio para curá-la... A noite estava escura, e foi naquele breu que ela descobriu que a ponta de sua cauda produzia um lindo e poderoso facho de luz.

 Com o caminho iluminado, a criatura andava lentamente de volta para a cidadezinha. Quando o dia começou a amanhecer, ela já podia avistar a praça principal. Mas, para seu espanto, a cidade inteira estava por lá. Havia barricadas por todos os lados, homens apontando suas armas, crianças com estilingues e mulheres rezando sem parar.

Depois de pensar um pouco, a mula decidiu não entrar na cidade. Ficou esperando as horas passarem, comeu capim, coçou-se deliciosamente numa árvore, olhou suas patas com atenção. Percebeu que as ferraduras que usava eram muito potentes e brilhantes.

Mas o dia foi passando, a noite foi chegando e a mula sem cabeça começou a ficar entediada. Quando decidiu que era hora de ir para a cidade, porém, o sino da igreja tocou anunciando o fim daquela sexta-feira e o início do sábado.

Com os badalos, o animal assombrado estatelou-se no chão, e seu corpo começou a se transformar no que era antes... Isoldinha havia recuperado sua forma de moça e agora podia voltar para casa!

As pessoas já tinham cansado de esperar a assombração e, aos poucos, retornavam a seus lares. A jovem aproveitou a movimentação e, esgueirando-se pelos cantos, conseguiu entrar em seu quarto pela janela aberta.

Os pais de Isoldinha nem tinham dado pela falta da filha. A confusão havia sido tão grande, que eles pensaram que ela tinha ficado em seu quarto o tempo todo. No dia seguinte, no café da manhã, a mãe perguntou:

— Isoldinha, meu amor, você está bem? Sua cara está péssima! E que cheiro é esse?

— Estou bem, mãe. É que, como estava muito quente, levei meu colchão para o quintal e acabei dormindo por lá. Acho que o cheiro é de mato.

— Isso mesmo, filha. Cheiro de mato. Vá tomar um banho e nunca mais durma fora de casa — disse o pai, prendendo a respiração.

— Por que, pai?

— Por quê? Porque uma mula sem cabeça apareceu por aqui ontem e ela não pensaria duas vezes antes de te devorar.

— Mas como ela vai me devorar se não tem cabeça? — perguntou Isoldinha, com um leve sorriso no rosto.

— Deixe de besteira, menina. Obedeça ao seu pai e fique longe daquele bicho.

A moça comeu rapidamente, tomou um bom banho e foi falar com o padre. Isoldinha contou a ele tudo o que tinha acontecido, sem esquecer nenhum detalhe. O jovem ficou estarrecido ao ouvir o relato.

— Então era você ontem à noite?

— Sim, e você precisa me ajudar a descobrir o que fazer para que essa maldição acabe. Aliás, nem sei por que ela começou.

O padre se levantou da cadeira, fez um gesto com a mão para Isoldinha esperar e, ao regressar, trouxe um livro velho e grosso.

— Quando vi a mula sem cabeça ontem na praça, me lembrei deste livro medieval chamado *Scala Coeli*. A resposta para suas perguntas estão aqui.

— Por favor, fale logo, padre! — implorou Isoldinha.

— A maldição começou porque você me deu aquele beijo na quinta-feira.

Isoldinha ficou triste ao ouvir aquilo, mas sabia que sacerdotes não podiam namorar.

— E a cura, padre? — perguntou esperançosa.

O jovem começou a folhear seu imenso livro e parou numa página com várias iluminuras.

— Não será fácil, Isoldinha. Primeiro, você precisa saber que sua transformação sempre acontecerá na noite de quinta para sexta-feira e que, somente nessas vinte e quatro horas, você poderá encontrar seu salvador.

— Você quer dizer um príncipe, como nas histórias da minha infância?

— Não, não precisa ser um príncipe, mas precisa ser alguém muito corajoso para conseguir tirar isto da sua cabeça — disse o padre, apontando para uma das iluminuras.

— Alguém precisa tirar o freio de ferro da cabeça invisível de um animal assustador?

— Eu sei que é difícil, mas essa é uma das maneiras de dar fim à maldição. E tem mais: a pessoa que conseguir tirar o freio da sua cabeça nunca mais poderá se afastar de você; caso contrário, a maldição voltará!

— E por que você não faz isso por mim?

— Porque você me beijou e isso me impede de ajudá-la.

Isoldinha estava tristíssima e desapontada com aquelas informações, mas ainda tinha esperança.

— E quais são as outras maneiras de acabar com a maldição? Você falou que essa era apenas uma delas.

— Sim, aqui diz que, se alguém também for corajoso o suficiente para te furar com um alfinete, a maldição acaba.

Isoldinha começou a chorar sem parar, aquilo tudo era muito complicado e assustador. O padre segurou as mãos dela e disse:

— De hoje em diante, toda quinta-feira, a partir da meia-noite, você andará pelas cidades e tentará quebrar a maldição. Não desista nunca!

Isoldinha foi embora.

No dia seguinte, contou aos pais que passaria todas as quintas e sextas-feiras na casa de uma amiga de outra cidade para ensiná-la a tocar piano. Essa foi sua desculpa para sumir nesses dois dias da semana.

E, assim, começou a jornada da mula sem cabeça em busca de sua salvação. Em vinte e quatro horas, ela conseguia percorrer sempre sete cidades e, durante sua procura, começou a descobrir mais poderes especiais. Podia, por exemplo, soltar fogo pela boca e

pelas narinas, o que muitas vezes a salvou de ser morta por homens apavorados. Também percebeu que, por mais estranho que parecesse, ela não conseguia atacar pessoas que escondessem as unhas e os dentes; isso as tornava intocáveis para a criatura.

Dizem que por anos e anos a mula sem cabeça perambulou pelo Brasil, mas nunca conseguiu encontrar alguém para quebrar sua maldição. Em compensação, sua lenda se espalhou como ventania por todos os cantos do nosso imenso país.

A origem da origem

Investigar a origem de um conto popular é uma tarefa digna de Sherlock Holmes, personagem lendário criado pelo escritor escocês Sir Arthur Conan Doyle (1859-1930). Os contos populares nascem da tradição oral e narram peripécias de personagens que parecem ter surgido em tempos primordiais da humanidade. Essas narrativas trazem um sentimento de pertencimento aos grupos, e cada comunidade assume a origem de suas histórias, jurando de pés juntos que tal e qual conto competem a tal e qual nacionalidade. Porém, é interessante notar que sempre encontramos contos parecidos em lugares muito distantes, evidenciando que há um certo imaginário coletivo comum, e só mesmo Holmes para resolver esse mistério. A mula sem cabeça, segundo alguns pesquisadores, remonta à Idade Média europeia, e passagens desse conto estariam presentes em um livro popular daquela época, chamado *Scala Coeli*, de Johannes Gobi.

Autor e obra

ILAN BRENMAN é filho de argentinos, neto de russos e poloneses. Ele nasceu em Israel em 1973 e veio para o Brasil em 1979. Naturalizado brasileiro, Ilan morou a vida inteira em São Paulo, onde continua criando suas histórias.

Fez mestrado e doutorado na Faculdade de Educação da USP, ambos defendendo uma literatura infantil e juvenil livre da ideologia do "politicamente correto" e com muito respeito à inteligência e à sensibilidade da criança e do jovem leitor.

Recebeu diversos prêmios, entre eles o selo "Altamente Recomendável" pela Fundação Nacional do Livro Infantil e Juvenil, os 30 melhores livros do ano pela revista *Crescer* e o prêmio White Ravens (Alemanha), o que significa fazer parte do melhor que foi publicado no mundo.

Seus livros foram publicados na França, Itália, Alemanha, Polônia, Espanha, Suécia, Dinamarca, Argentina, Coreia do Sul, China, no México, Chile, em Portugal e Taiwan.

Atualmente percorre o Brasil e o mundo dando palestras e participando de mesas de debate em feiras de livros, escolas e universidades sobre temas contemporâneos nas áreas de cultura, família, literatura e educação.

As filhas do Ilan sempre adoraram essa história, principalmente pelo mistério de uma mula sem cabeça conseguir soltar fogo pela boca e pelas narinas: "Mas, pai, como isso é possível se ela não tem cabeça!?". E ele sempre respondia que a solução desse mistério era tarefa de quem ouvia a história.

www.ilan.com.br

/autorIlanBrenman   @ilan.brenman

Arquivo do ilustrador

Sobre o ilustrador

RAUL NIETO GURIDI nasceu em 1970 em Sevilha, na Espanha, onde se formou em Belas Artes. Desde então, Guridi tem trabalhado em quase todos os campos da imagem, pintura, *design* e propaganda, mas desde 2010 sua produção se concentra na ilustração de livros para crianças.

Já publicou mais de 25 títulos de literatura infantil em diferentes editoras da Espanha, França, Chile, Brasil e Argentina. Atualmente, Guridi continua pintando e fazendo cartazes para campanhas culturais de teatro, dança e *shows* de fantoche.

Para saber mais:
guridi.wix.com/guridi

LEITURA EM FAMÍLIA
Dicas para ler
com as crianças!

www.modernaliteratura.com.br/
leituraemfamilia

© Ilan Brenman, 2021
1ª edição, 2015

DIREÇÃO EDITORIAL	Maristela Petrili de Almeida Leite
COORDENAÇÃO DE EDIÇÃO DE TEXTO	Marília Mendes
EDIÇÃO DE TEXTO	Ana Caroline Eden, Thiago Teixeira Lopes
COORDENAÇÃO DE EDIÇÃO DE ARTE	Camila Fiorenza
PROJETO GRÁFICO E DIAGRAMAÇÃO	Isabela Jordani
ILUSTRAÇÃO DE CAPA E MIOLO	Raul Guridi
COORDENAÇÃO DE REVISÃO	Elaine Cristina del Nero
REVISÃO	Palavra Certa
COORDENAÇÃO DE *BUREAU*	Rubens M. Rodrigues
PRÉ-IMPRESSÃO	Everton Luís de Oliveira Silva, Vitória Sousa
COORDENAÇÃO DE PRODUÇÃO INDUSTRIAL	Wendell Jim C. Monteiro
IMPRESSÃO E ACABAMENTO	Forma Certa Gráfica Digital
LOTE	798.745
COD	120002356

Dados Internacionais de Catalogação na Publicação (CIP)
(Câmara Brasileira do Livro, SP, Brasil)

Brenman, Ilan
 Mula sem cabeça : a origem / Ilan Brenman ; ilustrações Guridi. — 2. ed. — São Paulo : Moderna, 2021.

ISBN 978-65-5816-222-3

1. Folclore - Literatura infantojuvenil
2. Lendas - Literatura infantojuvenil 3. Literatura infantojuvenil I. Guridi. II. Título.

21-67700   CDD-028.5

Índices para catálogo sistemático:
1. Literatura infantil 028.5
2. Literatura infantojuvenil 028.5

Maria Alice Ferreira - Bibliotecária - CRB-8/7964

Editora Moderna Ltda.
Rua Padre Adelino, 758 – Belenzinho
São Paulo – SP – CEP: 03303-904
Central de atendimento: (11) 2790-1300
www.modernaliteratura.com.br
Impresso no Brasil
2024